NOTICE BIOGRAPHIQUE

SUR

LE GÉNÉRAL BARON JOMINI

NOTICE BIOGRAPHIQUE

SUR

LE GÉNÉRAL BARON JOMINI

Général en Chef,

Aide de camp de S. M. l'Empereur de Russie, Grand'croix de plusieurs Ordres,

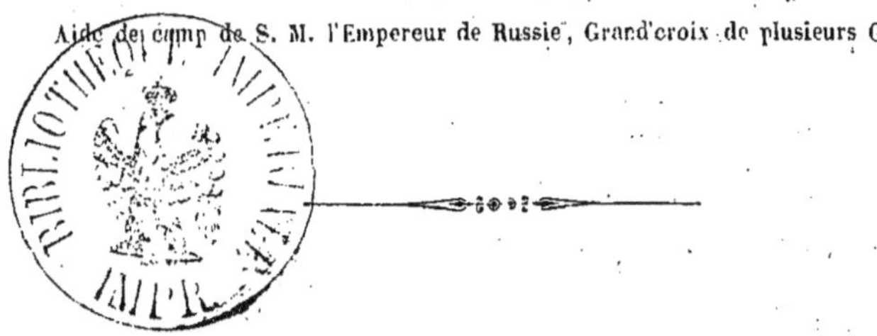

Né le 6 mars 1779, à Payerne (Suisse), dont son père était le premier magistrat. — Destiné, dès l'enfance, à la carrière des armes, il en fut d'abord éloigné par les premiers événements de la Révolution française, et entra à Paris dans la banque. Cependant, la lecture des plus célèbres écrivains militaires et les relations glorieuses des succès récemment obtenus en Italie par le général Bonaparte avaient enflammé sa jeune imagination. De retour dans sa patrie, à l'âge de vingt ans, il alla demander du service au ministre de la guerre helvétique; celui-ci le nomma son aide de camp, avec le grade de lieutenant, puis de capitaine.

Un an après (1799), son mérite supérieur le faisait parvenir au grade de chef de bataillon, remplissant les fonctions de secrétaire général du département de la guerre. Il eut une grande part à l'organisation des troupes helvétiques, qui firent des prodiges de valeur aux

— 4 —

combats de Frauenfeld, de Dettingen, à la bataille de Zurich, et contribuèrent puissamment à conserver les passages du mont Saint-Bernard et du Simplon.

La paix de Lunéville, conclue en 1801, ne laissant aucune chance aux militaires suisses, il donna sa démission et vint à Paris, autant en vue d'y chercher une carrière plus vaste que pour s'y livrer à des études de haute stratégie, pour lesquelles il se sentait une vocation irrésistible. Dès 1803, il rédigea le fruit de ses travaux, sous le titre de *Traité des grandes opérations militaires*. Cet ouvrage, d'un auteur de vingt-quatre ans, qui sert encore de guide aux officiers les plus distingués de l'Europe et même aux généraux, recueillit les suffrages des premiers tacticiens du temps, notamment de Ney, dont le chef de bataillon Jomini devint aide de camp. Il accompagna ce maréchal d'abord au camp de Boulogne, puis à la Grande-Armée, pendant la campagne d'Allemagne de 1805, et contribua puissamment, par la sagesse de ses conseils ainsi que par sa valeur, aux victoires d'Elchingen, du Michelsberg et d'Ulm, dont le résultat fut la destruction ou la prise de l'armée de Mack, forte de soixante mille hommes.

Après avoir fait une partie de la campagne du Tyrol, le chef de bataillon Jomini, ayant été chargé de porter à l'empereur la nouvelle de la conquête de ce pays, le rejoignit sur le champ de bataille d'Austerlitz, et profita de la circonstance pour lui présenter les deux premiers volumes de son *Traité des grandes opérations de la guerre*. Peu de jours après, il était nommé colonel, premier aide de camp du maréchal Ney.

En 1806, Jomini rédigea un Mémoire sur les probabilités de la guerre de Prusse, où les opérations de la campagne qui allait s'ouvrir et leurs résultats étaient prédits avec une justesse de coup d'œil extraordinaire. L'empereur, frappé du mérite des écrits qui dévoilaient tous les mystères de sa stratégie, résolut d'attacher l'auteur à sa personne. Cette faveur méritée fut l'origine de la jalousie et des persécutions du prince de Neufchâtel. Le colonel Jomini suivit, en effet, l'empereur à la bataille d'Iéna ; mais, apprenant que le maréchal Ney, emporté par sa bouillante valeur, s'est jeté avec quatre mille hommes seulement au milieu de l'armée entière du prince de Hohenlohe, Jomini sollicite la permission de voler à son secours, le rejoint au plus fort du danger, lui donne des renseignements précieux sur la position du reste de l'armée, combat énergiquement à ses côtés, contribue ainsi à le dégager, puis l'accompagne ensuite dans la conquête d'Erfuth et dans la poursuite des débris de l'ennemi jusque devant Magdebourg.

Après avoir suivi l'empereur à son entrée à Berlin, le colonel Jomini lui adressa un mémoire important sur la guerre de Pologne. Napoléon, qui n'aimait pas qu'on pénétrât ses plans de campagne ou de politique, et surtout qu'on en démontrât les inconvénients , reçut ce travail avec une humeur qu'il ne déguisa pas ; cependant il rendit plus tard justice à l'auteur en l'envoyant, après la bataille de Pulstuk, à la recherche du maréchal Ney, engagé trop loin vers Kœnigsberg, et dont le sort causait de justes inquiétudes. Quoique très-malade, le colonel Jomini s'acquitta de cette mission avec un plein succès ;

il seconda puissamment le maréchal dans les dispositions d'une habile retraite pour couvrir celle du prince de Ponte-Corvo. Cette manœuvre donna à l'empereur la facilité de lever ses cantonnements entre le Narrew et Varsovie, non-seulement pour secourir son aile gauche un moment compromise, mais encore pour opérer contre les communications de l'armée ennemie, dont la perte eût été consommée sans la prise d'un officier d'ordonnance dépêché au prince de Ponte-Corvo, qui apprit au général Benningsen le danger dont il était menacé, et empêcha la bataille d'Eylau d'avoir les résultats qu'on avait droit d'en espérer. Au moment le plus critique de cette sanglante bataille, Jomini fit preuve d'une grande habileté. Il y reçut de Napoléon une mission qui attestait sa haute confiance dans les talents du colonel, mais qui fut modifiée par l'arrivée du corps de Ney sur laquelle on ne comptait plus et qui changea les résultats de la journée.

Après la paix de Tilsitt, le colonel Jomini, étant revenu à Paris avec l'empereur, fut nommé chef d'état-major du maréchal Ney, position dans laquelle il fut confirmé quoique Berthier, par une fraude inconcevable, ne lui eût envoyé d'abord que le brevet de sous-chef.

En 1808 le colonel Jomini prit une part active à la campagne d'Espagne, et rendit de grands services contre l'armée de Palafox, battue à Tudela, et qu'on eût entièrement coupée si l'on eût suivi la marche qu'il avait proposée sur Almanza. Il fit également preuve de sagacité dans la poursuite de l'armée anglaise de Moore, qu'il voulait prévenir à Astorga.

Après la défaite de Soult à Opporto, Jomini contribua à décider le maréchal Ney à partir de la Galice pour marcher au secours du roi Joseph et du corps de Soult, menacés par cent mille Anglais, Pourtugais et Espagnols : résolution habile, dont les suites de la bataille de Talaveira vinrent bientôt justifier l'opportunité, et qui eût amené d'immenses résultats sans la mauvaise intelligence qui régnait entre les maréchaux.

Jomini fut chargé d'aller des rives du Minho à Vienne, en Autriche, expliquer les motifs de cette opération ; mais, dans les entrefaites, de misérables intrigues avaient réussi à changer les dispositions bienveillantes du maréchal, et, pour prix de son dévouement aux interêts de l'armée, le colonel fut relégué dans la foule des officiers à la suite, qui soupiraient, dans le grand état-major de Berthier, après le commandement de quelque bicoque.

Après avoir fait tous ses efforts pour obtenir réparation de cette injustice, le colonel Jomini irrité demanda un congé, et se retira en Suisse, d'où il envoya sa démission à deux reprises différentes, pendant qu'il offrait ses services à l'empereur de Russie, alors allié intime de la France, et dont il fut bientôt nommé aide de camp.

Nous extrairons de la correspondance de Jomini avec un de ses amis, M. le baron M***, une lettre qui peint éloquemment la situation de son âme ardente à cette époque.

Arau, en Suisse, le 15 octobre 1810.

« Je viens enfin, mon cher M***, de me décider au saut
» périlleux : j'écris au prince de Neufchâtel pour lui de-

» mander ma démission. Je lui présente l'impossibilité
» où je me trouve de servir plus longtemps, découragé et
» humilié à mes propres yeux. Je cherche autour de moi
» la puissance où je pourrai espérer un meilleur sort.
» L'empereur Alexandre, dont la générosité égale, dit-on,
» l'amabilité, est le seul que je puisse servir dignement.

» Hier était l'anniversaire de la bataille d'Iéna : il y
» a quatre ans que j'allai volontairement me précipiter
» à l'avant-garde de Ney, quoique je fusse alors attaché
» à l'empereur. Ce maréchal s'élançait, comme moi,
» volontairement à une brèche où personne ne l'envoyait
» et voulait vaincre toute l'armée du prince de Hohen-
» lohe avec les quatre mille hommes seulement qui le
» suivaient.

» La moitié de ces braves paya de sa vie une téméraire
» intrépidité, et trois de ses aides de camp y furent griè-
» vement blessés. Ah ! si un boulet charitable m'avait
» donné la préférence ce jour-là ! je ne serais pas réduit
» aujourd'hui à détester la vie, à maudire jusqu'aux fai-
» bles rayons de gloire que ma carrière m'a laissé entre-
» voir un instant. Mille de ces misérables boulets ont
» sillonné la terre autour de moi, enlevé bras et jambes
» à mes camarades ; aucun n'a voulu m'épargner la peine
» qui me tue. »

Toutefois, l'empereur ayant eu vent des démarches du
colonel Jomini auprès d'Alexandre, lui fit transmettre
l'ordre impératif de se rendre en toute hâte à Paris, où
le duc de Feltre lui donna le choix entre la captivité à
Vincennes ou le grade de général de brigade. Le colonel
fut vivement blessé de cet acte d'autorité, qu'il ne

pouvait reconnaître comme une récompense méritée et qui le plaçait dans une fausse position. Ne pouvant naturellement préférer la prison au grade qui lui était offert, il se vit avec douleur rejeté dans l'état-major du prince de Neufchâtel. A cette époque, il publia la seconde édition du *Traité des grandes opérations*, et jeta les fondements de l'histoire importante à laquelle il a attaché son nom.

Ayant reçu l'ordre de suivre l'empereur dans la campagne de Russie, le général Jomini ne voulut pas, par un sentiment très louable, tourner son épée contre le prince qui naguère lui avait offert une position glorieuse; il réussit à se faire nommer gouverneur de Wilna, puis de Smolensk, et ne manifesta son zèle et son activité ordinaires que lorsque la Grande-Armée, subissant tous les malheurs d'une retraite sans exemple dans les annales de la guerre, revint en désordre vers le milieu de novembre. Jomini indiqua alors une ligne de retraite par Wesselovo et Jembin sur Molosdechno, beaucoup plus courte et moins difficile que celle de Minsk, que l'empereur voulait suivre et qui était déjà coupée par Tchichakoff. Ses plans ayant été adoptés, il fut chargé, de concert avec Eblé, de jeter les ponts sur les points indiqués de la Bérésina, et exécuta courageusement, malgré une violente fluxion de poitrine dont il était attaqué, cette mission dans laquelle il faillit perdre la vie.

Le général suivit d'abord la partie de l'armée qui se retira sur Dantzick puis sur Stettin où il reçut l'ordre de rejoindre l'Empereur à Paris; mais il y arriva dans un état si déplorable qu'il ne put profiter de cette preuve de confiance. Il rejoignit l'armée en Saxe au mois d'avril et fut nommé de nouveau, après la bataille de Lutzen, chef d'état-major du maréchal Ney, commandant alors quatre corps d'armée réunis vers Torgau.

Le maréchal ayant reçu l'ordre de détacher celui de Lauriston sur Hoyerswerda et de marcher avec les trois autres sur Berlin, Jomini, qui ne comprenait rien à ce mouvement excentrique, chercha à dissuader le maréchal de l'exécuter; il suffisait, selon lui, de porter une tête de colonne sur Dahme, afin de pouvoir diriger soixante-dix mille hommes sur Bautzen, où se concentraient les forces ennemies. Le maréchal consentit à une partie de la proposition et demeura dans la direction de Lubben; puis ayant appris, par une malle interceptée, que Barclay se portait sur Bautzen avec quinze mille hommes, Ney prit alors sur lui de changer son mouvement, et il arriva assez à temps à Bautzen pour décider la victoire. Débouchant, le 24 mai au matin, de Klix sur Glein, à la tête de huit divisions, suivies de près par le corps de Reynier, Ney tourna entièrement la droite des alliés, et se fût emparé de leur ligne de retraite avec soixante-dix mille hommes, si des fautes d'exécution dans les détails n'eussent paralysé les ordres si bien combinés dès le matin.

Les éminents services du baron de Jomini, en cette circonstance décisive, lui méritaient une récompense proportionnée. Le grade de général de division fut demandé pour lui à l'empereur par le maréchal Ney; mais la haine de Berthier devait encore intervenir cette fois; non-seulement le général Jomini se vit rayé du tableau d'avancement, *il fut encore mis aux arrêts et à l'ordre de l'armée comme remplissant mal ses fonctions,* sous le futile prétexte de n'avoir pas envoyé à temps de misérables feuilles de situation des régiments, lesquelles il ne pouvait dresser qu'après avoir reçu celles des états-majors divisionnaires. « Jamais, comme il le dit » lui-même, depuis la suspension du général Valette à » l'affaire de Castiglione, les annales de l'état-major » français n'avaient retenti d'un pareil traitement. » Alors, la rage dans le cœur, il résolut de renoncer à suivre des drapeaux qui n'étaient pas en définitive ceux de sa patrie, et sous lesquels il était exposé à recevoir de pareils traitements pour prix de services signalés. Profitant de l'armistice de Parschwitz, il alla offrir de nouveau le secours de sa haute intelligence et de sa valeur à l'empereur Alexandre, non sans avoir, par un dernier trait de loyauté, donné au maréchal Ney d'utiles avis pour garantir l'armée d'une surprise à la fin de l'armistice.

Arrivé au quartier général des souverains alliés, il en fut reçu avec une honorable distinction; mais, loin d'avoir livré aux ennemis des plans qu'il ne pouvait connaître, ainsi que ses détracteurs l'ont faussement prétendu, il résista à toutes les instances qui lui furent faites pour obtenir de lui quelques détails sur l'organisation de l'armée française (1).

(1) L'empereur rendait, à ce sujet, pleinement justice au caractère du général Jomini, comme on le voit par la note suivante insérée dans ses Mémoires de Sainte-Hélène :

« C'est à tort que l'auteur de ce livre (*Histoire de la Campagne de Saxe*)

Promu alors à la dignité de lieutenant général et d'aide de camp de l'empereur Alexandre, le général suisse devait naturellement servir le monarque avec le même zèle et le même dévouement dont il avait fait preuve dans l'armée française. Ce fut à lui que les alliés durent les importantes modifications du plan primitif de Trachemberg, sans lesquelles leur armée eût été compromise entre l'Elbe, le Rhin et la mer du Nord (1). Il rendit aux batailles de Dresden, de Culm, et surtout de Leipzick, des services aussi signalés qu'ils furent mal appréciés par jalousie.

Après la bataille de Leipzick, Jomini, décidé à ne point prendre part à une invasion de la France, voulut quitter l'armée alliée pour rester à Weymar; mais les Autrichiens menaçant les frontières de son pays, il rejoignit en hâte l'empereur Alexandre à Francfort, et fut assez heureux pour contribuer à sauver l'indépendance de la Suisse. Des écrivains aussi injustes que passionnés lui ayant imputé des démarches absolument opposées à ses actions, il adressa à l'historien Capefigue une lettre imprimée qui jette un grand jour sur les événements et sur la part honorable qu'il y prit. Du reste, si les par-

» attribue au général Jomini d'avoir porté aux alliés le secret des opérations de
» la campagne et la situation du corps de Ney. Cet officier ne connaissait pas le
» plan de l'Empereur; l'ordre du mouvement général, qui était toujours envoyé
» à chacun des maréchaux, ne lui avait pas été communiqué, et, l'eût-il connu,
» l'Empereur ne l'accuserait pas du crime qu'on lui impute. Il n'a pas trahi ses
» drapeaux : il avait à se plaindre d'une grande injustice; il a été aveuglé par un
» sentiment honorable. Il n'était pas Français, l'amour de la patrie ne l'a pas
» retenu. »

(1) On peut lire ces intéressants détails dans une brochure du général Jomini, intitulée : *Réplique à lord Londonderry*.

tisans exaltés de Napoléon lui avaient imputé des torts imaginaires, les ennemis acharnés de la France n'ont pas été plus justes envers lui, ainsi qu'on peut le voir dans une polémique avec le général Ruhle de Lilienstern. Les alliés reprochèrent à M. Jomini d'avoir déconseillé à l'empereur Alexandre le passage du Rhin et l'invasion de 1814. Cette opinion, justifiée peut-être par un reste d'attachement au pays qu'il avait si bien servi, était néanmoins bien plus motivée encore par une habile prévision politique. A son avis, il importait que la France restât puissante et maîtresse d'Anvers pour conserver l'équilibre maritime européen contre la prépondérance anglaise, dont il entrevoyait les dangers futurs.

Du reste, depuis l'invasion, qu'il n'approuvait pas, Jomini ne prit aucune part active aux opérations de la guerre, si ce n'est par quelques conseils qu'on ne venait lui demander que dans les moments de perplexité où les généraux alliés croyaient tout perdu; il se rendit en Suisse, puis au congrès de Vienne. Revenu à Paris avec l'empereur Alexandre en 1815, après la pacification, il donna de nouvelles preuves de la générosité de son caractère en allant jusqu'à compromettre sa destinée pour sauver les jours du maréchal Ney.

Il assista, en 1818, au congrès d'Aix-la-Chapelle, puis en 1823 à celui de Vérone. La part indirecte qu'il y prit, par ses rapports particuliers avec l'empereur Alexandre, n'a pas encore été dévoilée; nous savons seulement qu'il déconseilla l'expédition d'Espagne, en 1823, en prédisant que le régime théocratique, dont on voulait opérer la restauration, ne durerait pas dix ans, et amènerait des révolutions plus dangereuses que celles dont on pouvait encore influencer les mouvements et régulariser la direction.

A l'avénement de l'empereur Nicolas au trône (en 1826), Jomini fut nommé général en chef et accompagna le monarque dans la guerre de Turquie, où il rendit de grands services, tant à la prise de Warna, pour laquelle il reçut le grand cordon de Saint-Alexandre, que dans la rédaction du plan pour la seconde campagne. La Russie lui fut redevable aussi de l'organisation de son académie militaire, institution parfaite dans son principe, et qui mieux dirigée aurait assuré d'immenses résultats.

En 1830, 37 et 43, Jomini rédigea plusieurs mémoires fort importants *sur la Politique militaire de la Russie* et sur la défense de l'Empire par un bon système de forteresses. Il fit à cette occasion les plus grands efforts pour éviter la brouille entre la France et la Russie, qu'il considérait comme le plus grand des malheurs pour l'Europe entière, puisquelle devait empêcher pour longtemps l'établissement *d'un équilibre maritime,* sans lequel le prétendu équilibre européen ne serait jamais qu'un vain mot. Malheureusement on était habitué à ne le considérer que comme un habile stratégiste, et sa capacité politique fut toujours méconnue : aussi tous ses efforts furent-ils sans résultats !

Lorsqu'enfin ses prévisions, ou pour mieux dire ses prophéties furent réalisées et que la terrible guerre d'Orient éclata en 1854, Jomini courut à Saint-Pétersbourg malgré ses 75 ans et le déplorable état de sa santé : il y rendit d'éminents services, dont l'importance fut reconnue trop tard et trop imparfaitement, car, si ses sages conseils eussent été suivis à temps, Sébastopol eût été probablement sauvé. Ils lui méritèrent du moins un rescrit très flatteur de la main de l'empereur Alexandre II avec son portrait enrichi de diamants. Quatre mois après, il repartit pour chercher dans le midi un soulagement à ses cruelles souffrances...

Les ouvrages du général Jomini jouissent à bon droit d'une réputation européenne : au mérite incontestable d'un excellent tacticien, d'un historien consciencieux, il a su joindre celui d'un écrivain habile ; son style énergique prête de l'intérêt aux sujets les plus arides.

On lui doit :

1° *Traité des grandes opérations militaires*, ou *Histoire critique et militaire des guerres de Frédéric II, comparées à celles de la Révolution* (Paris, 1805), 5 vol. in-8° et atlas ; deuxième édition (Paris, 1811-1816), 8 vol. in-8°. L'ouvrage réduit ensuite à 3 vol. eut encore deux éditions ; la quatrième, considérablement perfectionnée, fut imprimée à Paris, en 1848 ;

2° *Histoire critique et militaire des campagnes de la Révolution, de 1792 à 1801*, précédée d'une *Introduction présentant le tableau succinct des mouvements de la politique européenne, depuis Louis XIV jusqu'à la Révolution, avec les principales causes et les principaux événements de cette révolution* (Paris, 1819-1824), 15 vol. in-8° et atlas ;

3° *Vie politique et militaire de Napoléon, racontée*

par lui-même (Paris, 1827), 4 vol. in-8° (anonyme), suivie d'un volume contenant l'histoire des Cent-Jours, sous le titre de *Précis politique et militaire de la campagne de 1815*;

4° *Précis de l'art de la guerre et de la politique militaire des États*, résumé admirable des grandes maximes qui ont fait la gloire des plus célèbres capitaines, et qui doit être le bréviaire de tous les hommes d'État, 2 vol. in-8°;

5° Enfin, plusieurs brochures intéressantes, entre autres : *Observations sur les probabilités d'une guerre avec la Prusse, et sur les opérations qui auront vraisemblablement lieu* (1806) : Une *Réfutation des erreurs du marquis de Londonderry*: Une *Polémique stratégique* avec le général Ruhle de Lilienstern ; *Correspondance* avec M. Capefigue sur l'invasion de la Suisse par les Autrichiens; Deux *Épîtres d'un Suisse à ses concitoyens*. Puis deux *Appendices* à son important *Précis de l'Art de la Guerre*.

UN DE SES ANCIENS AIDES DE CAMP.

Paris. — Imprimerie Dubuisson et C°, 5, rue Coq-Héron. (1285)